Frederick Amrine

Idee, Theorie, Emotion, Verlangen

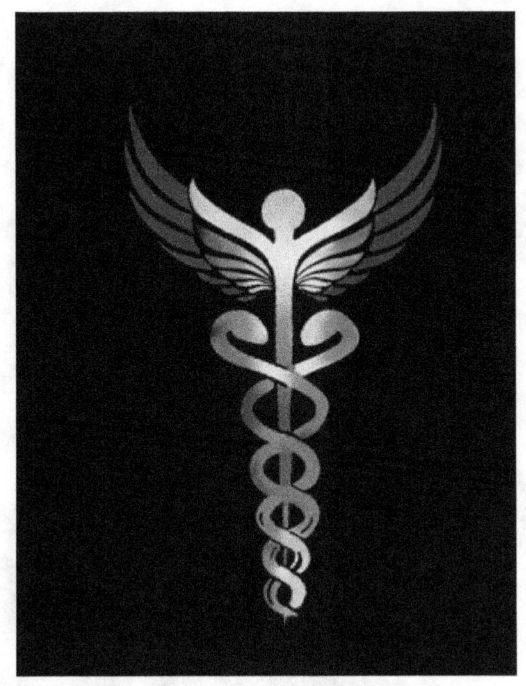

© 2022 Frederick Amrine

Alle Rechte vorbehalten.

Rudolf Steiner

Rudolf Steiners Darstellung der "Evolution des Bewusstseins" ist sicherlich eine der größten Leistungen der Geistesgeschichte. Vollständig verstanden und aufgenommen, würde sie einen Paradigmenwechsel bewirken, der für die Geistes- und historischen Sozialwissenschaften so grundlegend und folgenreich ist wie die Relativitätstheorie für die Physik. Im Gegensatz zur konventionellen Geistesgeschichte, in der eine Abfolge von subjektiven Ideen als Bewohner von als konstant angenommenen erkenntnistheoretischen Strukturen betrachtet wird, argumentierte Steiner, dass sich die Struktur des menschlichen Bewusstseins selbst entwickelt hat. Er sah diese sich verändernde Struktur als den Hauptgrund für die Abfolge verschiedener Paradigmen oder Mentalitäten.

Wie andere große Ideen ist auch die "Evolution des Bewusstseins" an sich einfach, aber gewaltig in ihren Konsequenzen und komplex in ihrer Umsetzung. Steiner entfaltet sie in vielen Hunderten von Passagen in vielen Dutzenden von Büchern und Vortragszyklen. Owen Barfields großes Verdienst war es, Steiners Darstellung so gründlich verstanden und in *Saving the Appearances* (1957) so elegant dargelegt zu haben.[1] Barfield wäre der ideale Führer durch diese neue Welt, aber *"Saving the Appearances"* ist bereits äußerst dicht und widersteht einer Zusammenfassung. Stattdessen möchte ich das Hauptkonzept der Evolution des Bewusstseins durch mein eigenes Gedankenexperiment im Geiste von Barfield vermitteln.

---

[1] London: Faber, 1957; rpt. 2nd edn Middletown, CT: Wesleyan UP, 1988 [*StA*]. Tatsächlich war es eher Barfield als Steiner selbst, der den Begriff "Evolution des Bewusstseins" prägte.

Owen Barfield

Betrachte die Etymologien der vier gebräuchlichen englischen
Wörter in meinem Titel, von denen sich zwei ("Idee" und "Theorie") auf
das Denken, eines auf das Fühlen ("Emotion") und eines auf den Willen
("Wunsch") beziehen. Wenn wir die Etymologien zurückverfolgen,
gehen wir durch die Zeit zurück, in ein früheres Bewusstsein, was
bedeutet, dass die Etymologie Einblicke in die Geschichte des
Bewusstseins selbst bietet. Barfield ist der anerkannte Meister dieser
Übung, die er bereits in seiner ersten Monografie, *Poetic Diction,*
begonnen und dann systematisch in *History in English Words*
weitergeführt hat.[2]

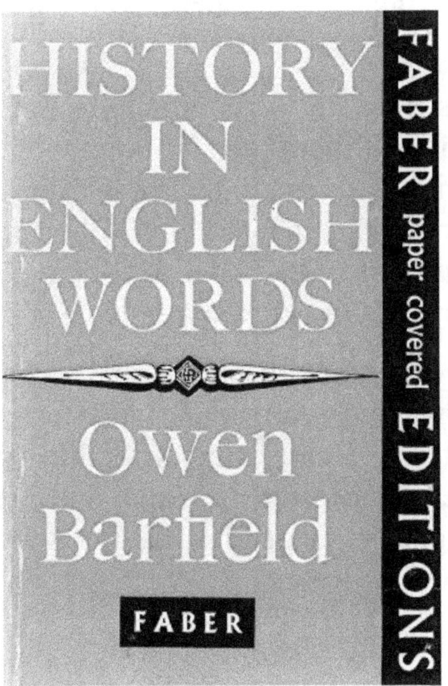

Poetic Diction: A Study in Meaning (1928; 2nd revised edition Middletown, CT:
Wesleyan UP, 1984); *History in English Words* (1953; Great Barrington, MA:
Lindesfarne Press, 1985) [*HEW*].

Idee: Das ist der Begriff von Platon. Im Griechischen ist die *Idee* grammatikalisch das Partizip der Vergangenheit des Verbs "sehen". Für Platon ist eine Idee ein "Ich-habe-gesehen". Früher hatte das Wort mit einem *Digamma* ("w") begonnen, was seine Verwandtschaft mit dem lateinischen Verb *video* (ausgesprochen "wideo"), "ich sehe", sofort deutlich macht; daher hat Cicero Platons Begriff *species* aus derselben Wurzel wie das Verb *specere*, "sehen", gebildet (vgl. *speculum*, "Spiegel") [*HEW* 106]. All dies entspricht genau Platons Metaphysik: Erinnere dich zum Beispiel an *Phaedrus* 247, wo Sokrates die Ideen jenseits des Tierkreises verortet, von wo aus sie von den Göttern und jedem Philosophen, der sich ihrer siderischen Prozession anschließen kann, gesehen werden.

Theorie: Griechisch und lateinisch *theoria*, kontemplatives Betrachten eines Spektakels; die Wurzel ist die gleiche wie die des Wortes "Theater".

Emotion: Das früheste Vorkommen im Englischen (1603) beschreibt die "divers Emotions" der Türken, womit ihre verschiedenen Wanderungen gemeint sind; ein anderes der frühesten im *OED* (1695) aufgeführten Wörter bezieht sich auf ein Erdbeben als "zufällige Emotion" des Schwerpunkts der Erde. Vor dem 17th Jahrhundert wurde "Emotion" für materielle Objekte verwendet [*HEW* 174].

Begehren: Über das lateinische Verb *desiderare* ist "begehren" eine Parallele zu "erwägen" (wörtlich "zwei Sterne zusammensetzen"), *de* (von) + *sider-* (Stern). Beides sind Artefakte astrologischer Paradigmen, in denen die Motive für Taten und Ereignisse "Einflüsse" (ein weiterer astrologischer Begriff) sind, die von den Sternen herabfließen.

Es gibt hier ein auffälliges Muster, und es wird uns helfen, es zu erkennen, wenn wir die Wörter vertikal auflisten und sie sozusagen zwischen den Polen "Objekt" (d. h. Dinge und Ereignisse, die sich in der äußeren Welt, außerhalb des Selbst, abspielen) und "Subjekt" (d. h. private Ereignisse, die sich in unserem eigenen individuellen Geist und unserer Seele abspielen) aufhängen:

OBJEKT	Idee	SUBJEKT
	Theorie	
	Emotion	
	Wunsch	

Und nun das Gedankenexperiment: Wo sollen wir die Grenze zwischen "Subjekt" und "Objekt", wie sie gerade definiert wurden, ziehen (was du jetzt in deiner Fantasie tun kannst)? Ohne formale philosophische Ausbildung und bewusste erkenntnistheoretische Reflexion (Barfields "Beta-Denken") werden fast alle Bewohner der modernen Welt Ideen, Theorien, Emotionen und Wünsche - Denken, Fühlen und Wollen - als etwas Individuelles, Privates und Inneres erleben. Wir Modernen ziehen eine vertikale Linie zwischen Subjekt und Objekt links von unseren vier Wörtern und platzieren Denken, Fühlen und Wollen auf der "Subjekt"-Seite der Trennlinie. *Aber das ältere Bewusstsein, aus dem diese Wörter entstanden sind, zieht die Linie auf der rechten Seite.* Es erlebt Denken, Fühlen und Wollen nicht als private, individualisierte, subjektive Ereignisse, sondern als *Ereignisse, die sich in der größeren Welt entfalten.* Im älteren Bewusstsein werden Denken, Fühlen und Wollen als *makrokosmisch* erlebt.

Platon

Wie unsere vier Etymologien zeigen, waren das menschliche Denken, Fühlen und Wollen, die von den frühesten menschlichen Aufzeichnungen bis zum Hochmittelalter aufgezeichnet wurden, makrokosmische Ereignisse, *an denen* der individuelle menschliche Geist *teilhat*. Der Begriff "Partizipation", der sich auf die Entwicklung des Bewusstseins bezieht, stammt von Barfield und nicht von Steiner, hat aber sowohl im antiken als auch im modernen Denken einen ehrwürdigen Stammbaum. Partizipation (*Methexis*) ist Platons Art, die Prädikation und alle anderen geistigen Beziehungen zu erklären, und es ist auch der Begriff, den die Begründer der modernen Anthropologie, Lévy-Bruhl und Durkheim, verwendet haben, um "primitive" Strukturen wie die des Schamanismus und des Totemismus zu erklären. Barfield nennt dies "*ursprüngliche* Teilhabe", um sie von einer neuen Art der Teilhabe zu unterscheiden, die sich erst seit der Romantik herausbildet, nachdem die gefühlte Teilhabe lange Zeit in den Hintergrund getreten war und die Steiner und Barfield treffend als "Zuschauerbewusstsein" bezeichnen.

Wenn wir erst einmal einen Blick dafür entwickelt haben, gibt es so viele Beweise für die "ursprüngliche Beteiligung", dass es schwer ist, zu wissen, was man zuerst anführen soll. Eine kurze und anschauliche Darstellung liefert Julian Jaynes' *Origin of Consciousness in the Breakdown of the Bicameral Mind* (1976).[3] In seinem Versuch, die biologische Entwicklung des menschlichen Bewusstseins zu erklären, untersucht Jaynes sorgfältig die *Ilias* von Homer als den frühesten Bericht, der zuverlässig interpretiert werden kann, und seine Schlussfolgerungen sind erstaunlich:

> *In der Ilias* gibt es im Allgemeinen kein Bewusstsein ... Die Worte in der Ilias, die in einem späteren Zeitalter für geistige Dinge stehen, haben verschiedene Bedeutungen, die alle konkreter sind. ... Achilles wird kämpfen, "wenn der Thumos in seiner Brust es ihm befiehlt und ein Gott ihn weckt"

---

[3] Boston: Houghton Mifflin, 2000, S. 67-83.

(9:702f.). Aber es ist nicht wirklich ein Organ und nicht immer lokalisiert; ein tosender Ozean hat Thumos [69].

... Die Männer der Ilias haben keinen eigenen Willen und schon gar nicht die Vorstellung eines freien Willens [70].

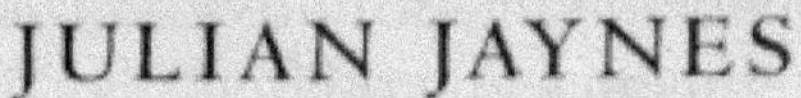

Julian Jaynes
1920-1997

Die Figuren in der Ilias setzen sich nicht hin und überlegen, was sie tun sollen. Sie haben kein Bewusstsein, wie wir es von uns behaupten, und schon gar keine Introspektion. Es ist für uns mit unserer Subjektivität unmöglich, zu verstehen, wie es war. Als Agamemnon, der König der Menschen, Achilles seiner Geliebten beraubt, ist es ein Gott, der Achilles an seinem gelben Haar packt und ihn warnt, Agamemnon nicht zu schlagen (I :197ff.). Es ist ein Gott, der sich dann aus dem grauen Meer erhebt und ihn in seinen Tränen des Zorns am Strand bei seinen schwarzen Schiffen tröstet, ein Gott, der Helena leise zuflüstert, dass ihr Herz vor Heimweh überläuft, ein Gott, der Paris vor dem angreifenden Menelaos in einem Nebel versteckt, ein Gott, der Glaukos sagt, er solle Bronze für Gold nehmen (6:234ff.), ein Gott, der die Heere in die Schlacht führt, der an den Wendepunkten zu jedem Soldaten spricht, der mit Hektor debattiert und ihn lehrt, was er zu tun hat, der die Soldaten antreibt oder sie besiegt, indem er sie in Bann schlägt oder Nebel über ihre Sichtfelder zieht. Es sind die Götter, die Streitigkeiten unter den Menschen anzetteln (4:437ff.), die den Krieg wirklich auslösen (3:164ff.), und dann seine Strategie planen (2:56ff.). Es ist ein Gott, der Achilles das Versprechen abringt, nicht in die Schlacht zu ziehen, ein anderer, der ihn dazu drängt, und wieder ein anderer, der ihn in ein goldenes Feuer kleidet, das bis zum Himmel reicht, und ihn durch seine Kehle über den blutigen Graben zu den Trojanern schreit, was in ihnen eine unkontrollierbare Panik auslöst. Tatsächlich nehmen die Götter den Platz des Bewusstseins ein. Die Anfänge des Handelns liegen nicht in bewussten Plänen, Gründen und Motiven; sie liegen in den Handlungen und Reden der Götter [72].

Letztendlich ist Jaynes' Darstellung jedoch reduktiv und enttäuschend. Da ihm Steiners Verständnis der Evolution des Bewusstseins fehlt, kann Jaynes nur zu dem Schluss kommen, dass die alten Mythen

Massenhalluzinationen waren, buchstäblich eine Art Schizophrenie (daher "bicameraler Verstand"), die nicht nur Einzelne oder sogar isolierte Gemeinschaften, sondern die gesamte Menschheit befallen hat

Jaynes ist leider typisch: Man könnte eine lange Liste solcher Bücher aufstellen, die vor brillanten Einzelerkenntnissen strotzen, es aber letztlich nicht schaffen, sie in einen größeren Interpretationszusammenhang zu stellen. Es ist verlockend, solche Studien im Lichte der Evolution des Bewusstseins neu zu betrachten, wenn auch nur kurz. Jaynes ist für eine weitere Betrachtung zu eng gefasst, aber wir wollen zwei andere einflussreiche Bücher betrachten: Thomas Kuhns *Structure of Scientific Revolutions* (1962),[4] und Wilhelm Worringers *Abstraction and Empathy* (1908).[5]

---

[4] (Chicago: University of Chicago Press, 2012). Diese 50th Jubiläumsausgabe enthält einen wichtigen Einführungsessay von Ian Hacking.
[5] Chicago: Dee, 1997. Vielen Dank an Jennie Cain, die mich zum Nachdenken über die Beziehung zwischen Worringer und Steiner angeregt hat.

Kuhns großartige Studie, die jeder Anthroposoph schätzen sollte,
hat die Art und Weise, wie wir über Wissenschaft denken, völlig und
unwiderruflich verändert. Das Hauptargument ist wohlbekannt: Das
Wachstum wissenschaftlicher Erkenntnisse ist alles andere als linear,
geschweige denn eine parabolische Anhäufung, wie sie in den
einführenden Lehrbüchern und populärwissenschaftlichen Schriften
beschrieben wird; vielmehr ist es radikal diskontinuierlich, eine Reihe
plötzlicher Wechsel zwischen unvereinbaren "Paradigmen", die plötzlich
nie dagewesene Sichtweisen, aber auch völlig neue Phänomene
offenbaren. Durch die sorgfältige Analyse von Schlüsselepisoden in der
Geschichte der Wissenschaft konnte Kuhn überzeugend darlegen, dass
Wissenschaftler, die unter verschiedenen Paradigmen arbeiten, in

gewissem Sinne "in verschiedenen Welten leben". Paradigmenwechsel
werden durch seltene, zeitweise auftretende Krisen ausgelöst, und die
"normale Wissenschaft", die sich im Laufe der Entwicklung eines jeden
Paradigmas durchsetzt - die Wissenschaft, wie sie tatsächlich praktiziert
wird -, hat keine Ähnlichkeit mit dem methodologischen Stereotyp der
Falsifikation durch direkten Vergleich mit der Natur. Kuhns Darstellung
wurde sofort und fast allgemein als überlegen gegenüber der
vorhergehenden Darstellung anerkannt.

Dennoch lässt Kuhn eine Reihe von beunruhigenden Fragen offen.
Wenn der Reduktionismus nicht funktioniert, kann es dann überhaupt
einen Fortschritt in der Wissenschaft geben? Wenn die Geschichte der
Wissenschaft so diskontinuierlich ist, dass sie nicht rational rekonstruiert
werden kann, ist die Wissenschaft dann dazu verdammt, von
Subjektivität und historischen Zufällen beherrscht zu werden? Aus
Kuhns Darstellung geht hervor, dass wissenschaftlicher Fortschritt nicht
in erster Linie *innerhalb von* Paradigmen stattfindet, sondern vielmehr
zwischen ihnen. Und es sind genau diese revolutionären,
"außerparadigmatischen" Momente, über die Kuhn nichts zu sagen hat.
An mehreren Stellen erklärt er die Abfolge der Paradigmen für
"willkürlich". Nicht nur, dass Steiner Kuhn in vielen wichtigen Punkten
vorweggenommen hat: Er und Barfield können sehr gut erklären, warum
zum Beispiel Galileo und Newton auf Aristoteles folgen, aber der
Quantenmechanik vorausgehen. In einem Satz: Weil die "ursprüngliche
Beteiligung" dem "Zuschauerbewusstsein" weicht, das wiederum der
"endgültigen Beteiligung" weicht.

Wilhelm Worringer

In seiner klassischen Abhandlung über die Geschichte der Kunst sehen wir, wie Worringer nach der Idee der Evolution des Bewusstseins tastet. Er versteht, dass die Abfolge von Paradigmen (in diesem Fall von Kunststilen im weitesten Sinne) irgendwie *innerlich* motiviert ist. Als er die ethnografische Sammlung des Trocadéro-Museums in Paris durchstöberte, wurde Worringer plötzlich klar, dass die Beziehung der Menschheit zur Welt nicht unveränderlich ist: Es gibt einen

"künstlerischen Willen", der nicht zu allen Zeiten gleich war [10]. Er
geht jedoch in die Irre, wenn er diesen Wandel in der Darstellung auf
veränderte subjektive Reaktionen zurückführt, auf das "Gefühl der
Menschen für die Welt", ihre "psychische Einstellung zum Kosmos"
[15], und dabei übersieht, dass (wie in unserer Diskussion über die *Ilias*
oben) die *Subjektivität selbst erst spät auf den Plan tritt*. Worringers
vermeintliche Ursache ist vielmehr eine Auswirkung von etwas
Grundlegenderem: nicht eine andere Reaktion auf dieselbe Reihe von
Phänomenen, sondern eine völlig andere Reihe von Phänomenen selbst.
Wie Steiner und Barfield gelehrt haben (und wie Kuhn später verstanden
hat), sind es nicht unsere Gefühle gegenüber der realen Welt, die sich
ändern: Die kollektive Repräsentation und damit die Realität selbst ist
das, was sich ändert.

Indem er feststellt, dass sowohl die primitive als auch die moderne
Kunst zur Abstraktion tendieren, schreibt Worringer die gesamte
Kunstgeschichte aus seiner neuen Perspektive um. Doch das daraus
resultierende Schema ist *genau umgekehrt*: Die Entwicklung, die
Worringer als Epochen der "Abstraktion" beiderseits des Abtauchens in
die "reale" Welt beschreibt, muss stattdessen in Steiners und Barfields
Begriffen als eine Entwicklung von der "ursprünglichen" zur
"endgültigen" *Teilhabe* beschrieben werden, die durch ein sich
verfinsterndes "Zuschauerbewusstsein" unterbrochen wird. Das
"primitive" Bewusstsein zeichnet sich nicht durch Angst und Rückzug
von der Welt aus, sondern (wie nicht nur Steiner und Barfield, sondern
auch Lévy-Bruhl und Durkheim lehrten) durch eine intensive, intime
Beziehung der *Teilhabe*. In Barfields wunderbaren Metaphern ist das
mittelalterliche Bewusstsein noch "in die Welt eingemauert" [*StA* 78]
und erlebt den Raum "eher wie ein Gewand, das die Menschen um sich
trugen, als eine Bühne, auf der sie sich bewegten" [*StA* 94]. Umgekehrt
entstehen erst in der Renaissance Abstraktion und räumliche Tiefe als
allgemeines Bewusstsein: Deshalb sprechen wir von "Renaissance-
Perspektive".

Petrarca

Als Korrektiv zu Worringers Darstellung und als aussagekräftiger Beweis für die Realität des "Zuschauerbewusstseins" wollen wir kurz zwei spezifische Episoden betrachten, die weder von Steiner noch von Barfield angeführt werden. Beide sind zutiefst symptomatisch für diese neue Beziehung zur Welt, die genau das Gegenteil von Worringers Beschreibung ist.

Wie James Hillman und andere argumentiert haben, beginnt die Renaissance symbolisch am 26. April 1336 mit Petrarca's Besteigung des Mont Ventoux,[6] ein Ereignis, das nicht nur ein neues Gefühl für räumliche Tiefe bezeugt, sondern auch eine ebenso kraftvolle Bewegung in die entgegengesetzte Richtung, in ein neues Gefühl der menschlichen *Innerlichkeit*. Petrarca beginnt seinen eigenen Bericht mit einer Erklärung seiner Beweggründe für diesen beispiellosen[7] Akt: Der Berg hatte schon seit Jahren seine Aufmerksamkeit auf sich gezogen, weil er "aus großer Entfernung zu sehen war", und seine einzige Motivation war, so behauptet er, "zu sehen, was eine so große Erhebung zu bieten hatte". Auf dem Gipfel ist das erste, was ihm auffällt, "die große Weite die sich vor ihm ausbreitet". Aber das ist nicht Petrarca's einzige Reaktion. Überraschenderweise veranlasst ihn die Aussicht dazu, zufällig die *Bekenntnisse* des Augustinus aufzuschlagen, und in einem Moment perfekter Jungscher Synchronizität fällt sein Blick sofort auf eine Passage, in der die natürliche Schönheit zugunsten der Selbsterkenntnis verworfen wird. Petrarca kommt zu dem berühmten

---

[6] *Re-Visioning Psychology* (New York: Harper & Row, 1975), S. 194-98. In *The Legitimacy of the Modern Age* (Cambridge, MA: MIT Press, 1985) identifiziert Hans Blumenberg den Aufstieg Petrarcas ebenfalls als eine zutiefst symbolische Episode, aber er kann nicht genau sagen, was sich verändert hat. Blumenberg ist ein weiterer großer Gelehrter, der immer wieder zu kurz kommt, weil ihm das Konzept der Evolution des Bewusstseins fehlt.

[7] Das ist nicht ganz richtig: In seinem eigenen Brief verrät Petrarca, dass ein Hirte den Berg 50 Jahre zuvor bestiegen hatte. Bezeichnend ist, dass die Erfahrung für den Hirten verloren war, der sich beklagte, dass er "für seine Mühen nichts als Müdigkeit und Bedauern bekommen hatte".

Dante

Galileo

Schluss, dass "nichts wunderbar ist als die Seele, die, wenn sie selbst groß ist, nichts Großes außerhalb ihrer selbst findet. Dann, in Wahrheit, war ich zufrieden, dass ich genug vom Berg gesehen hatte; ich richtete meinen Blick auf mich selbst ..." Auf dem Heimweg scheint der Gipfel des Berges im Rückblick "kaum eine Elle hoch zu sein, verglichen mit der Reichweite der menschlichen Betrachtung." *Pace* Worringer, Petrarcas Besteigung des Mont Ventoux sticht hervor, weil es ein so frühes und deutliches Symptom des "Zuschauerbewusstseins" ist - der *Trennung* von der Welt.

Das andere zutiefst symptomatische Ereignis sind Galileis Vorlesungen über Dantes *Inferno* (1587), in denen er Dantes Psychodrama auf die Landvermessung reduziert: Galilei schlägt vor, die physikalischen Dimensionen der Hölle zu berechnen. Der Geist dieser neuen Mentalität ist in einem Essay des bemerkenswerten deutschen Dichters Durs Grünbein[8] perfekt eingefangen worden: "Mit jedem Schritt wird das Denken von der Konkretheit getrennt - mit enormen Gewinnen und enormen Verlusten auf beiden Seiten. Auf Schritt und Tritt entfernen sich die Dinge und ihre mentalen Repräsentationen weiter voneinander" [93]. Dantes qualitative, dynamische Topographie der Seele weicht einer reinen Abstraktion: "Galilei ist längst in eine andere Ordnung eingetreten, eine der Stasis und Statik ... Er wird zum Koordinator statischer Welten werden, die Gesetzmäßigkeit der Natur wird seinem Willen gehorchen und sich in einem Vakuum, im Gleichgewicht einer vorher festgelegten Harmonie etablieren" [97]. 'Weg mit den Eigenschaften, die nicht kontrolliert werden können. Die Sinne stehen der Erkenntnis im Weg" [98]; "Das Goldene Zeitalter der Reduktion beginnt" ... Es ist auch das Ende der Harmonie der Sphären, der Eschatologien, des interplanetaren kosmischen Theaters im großen Stil" [100-101]. Sinnliche Qualitäten sind "sekundär", rein subjektiv; deshalb versichert uns Galilei, dass die Feuer in Dantes Hölle nicht wirklich heiß sein können [102].

---

8 "Galileo misst Dantes Hölle und bleibt an den Dimensionen hängen", in seiner gleichnamigen Aufsatzsammlung (Suhrkamp, 1996), S. 89-104. Die Übersetzungen sind meine eigenen.

Worringer könnte nicht falscher liegen, wenn es um die Kunst der "ursprünglichen Teilnahme" geht, und er missversteht den Höhepunkt der Abstraktion im "Zuschauerbewusstsein" der Renaissance als selbstbewusste Verschmelzung des Geistes mit der "realen" Räumlichkeit grundlegend. Ist es da verwunderlich, dass er die Abkehr der modernen Kunst vom Naturalismus als bloße Abstraktion missversteht, die durch die Angst vor der Realität motiviert ist? Gefangen im "Zuschauerbewusstsein" des naiven Realismus, kann Worringer nicht begreifen, dass Künstler wie (Steiners Schüler!) Kandinsky begonnen hatten, die Schwelle zur echten spirituellen Erfahrung zu überschreiten. Leider, Kandinsky und andere, die das Spirituelle in der Kunst suchten, lasen Worringer und ließen sich von ihm in die Irre führen, indem sie an vielen Stellen selbst Spiritualität mit Abstraktion verwechselten. Aber das ist ein anderer Aufsatz für einen anderen Tag.

Kandinsky

www.ingramcontent.com/pod-product-compliance
Lightning Source LLC
Chambersburg PA
CBHW060933130726
48001CB00006B/2548